Y

VERS DV BALET
DE MONSIEVR FRERE DV ROY.

M. DC. XXVI.

RECIT,

Pour des Dandins, enfans de Iean de Niuelle.

*V*OICY *venir quatre Dandins*
Qui ne font pas des plus badins,
Des Enfans de Iean de Niuelle:
Ils font d'assez bon entretien ;
Et ne font pas comme leur chien,
Qui s'enfuit quand on l'apelle.

Depuis le temps qu'ils font au jour
Ils suiuent les jeux & l'Amour;
Mais lors qu'ils y prennent querelle,
Ils en sortent tousiours fort bien;
Et ne font pas comme leur chien,
Qui s'enfuit quand on l'apelle.

Pour Monsieur de Baronnat, representant Iean de Niuelle.

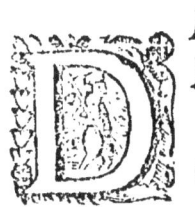E tout mon cœur ie me deffens
Des faux bruicts qui de moy s'entendent
   par la ville;
Mais au moins, que ie fois a droit ou mal
   habille,
Ie suis tout tel que mes Enfans.

Pour Messieurs des Ouches, Valins, Delfins & Souuile, representant les enfans de Iean de Niuelle.

SI quelqu'vn d'entre nous s'occupe
A faire le Dandin par fois,
C'est qu'il n'est point de bons matois
Qui ne sçachent faire la Dupe.
Mais quand nous voulons descouurir
Les peines que nous fait souffrir
L'ardeur d'vne amoureuse flamme,
Il n'est point d'homme de bon sens
Nous oyant cajoler de sa femme,
Qui nous prist pour des Inocens.

Recit

Recit pour les Filoux.

SERREZ tost vostre bagage;
Des voleurs peu retenus,
Despoüillent les gens tous nus,
De tout sexe & de tout âge,
   Prenez, prenez garde à vous,
   Voicy venir des Filoux.

Ils foüillent chaque personne,
Et prenent tout ce qu'elle à;
Gardez-vous bien de cela,
C'est l'aduis que ie vous donne.
   Prenez, prenez garde à vous,
   Voicy venir des Filoux.

Pour Monsieur, representant vn Filoux.

PLVS vaillant que n'estoit ce Heros glo-
 rieux
A qui la Toison d'Or fit prendre tant
 de peine,
Je cache les vertus des plus grands demy Dieux,
Sous l'habit d'vn Tireur de laine.

Ie ne veux pourtant rien voler
Qu'vn objet qui me fait brusler,
Et qui m'a rauy ma franchise :
Mais si ie le rencontre à part commodément,
Assisté d'Amour seulement,
I'ose bien m'assurer de le mettre en chemise.

Pour Messieurs le Comte Brion, de Fontaine & Pilorans, representant des Filoux.

NOS mains ne sont point occupées
A manier des chapelets,
Nous portons de grandes Espées
Auecque de petits colets.

Si tost que la nuict est venuë
Nous allons rodant par la ruë,
Afin de joüer des couteaux :
Et nos troupes determinées
N'espargnent point d'autres manteaux,
Que les manteaux des cheminées.

Recit pour le Curé de Mosle.

LE Pasteur de Mosle assure
Qu'on le traite en dissolu,
Pour ietter vn deuolu
Dessus sa petite Cure
Mais que pour sa Fillole, en saine verité,
Il n'a que des ardeurs pleines de charité.

Puis que de cét artifice
Il descouure les secrets,
Je croy qu'il n'est pas si pres
De perdre son benefice,
Que de voir enleuer l'innocente Beauté,
Pour qui son cœur deuot brusle de charité.

Pour Monsieur de Baronnat, representant le Curé de Mosle.

J'Ay fort peu de doctrine & moins de reuenu,
Mais chargé de diƶette autant que d'ignorance,
J'ay si bien trauaillé que ie suis plus cognu
  Que les plus habiles de France.

Pour Monsieur de Boisroque, representant sa Fillole.

Quoy qu'ait dit mõ Parrain, ie proteste auiourd'huy
Que ie n'ay iamais fait de mal auecque luy,
  Je suis d'humeur trop retenuë :
Mais sans me faire iniure & sans rien inuenter,
Si ie suis sa Fillole, il se peut bien vanter
Qu'il me tint vne fois en ses bras toute nuë.

Pour Messieurs de l'Eully, & de la Ferté, representant des marguilliers de village.

SI tost que le Temple d'Amour
S'ouure à quelque grand sacrifice,
Nous y demeurons tout le iour
Afin d'exercer nostre ofice.
Nous faisons faire place aux Ministres du lieu
Et souuent à l'entour de l'image du Dieu
  Nous alons alumer des cierges,
Mais bien que tout le monde y presse incessament,
  Nous y portons nos grandes verges
  Pour la ieunesse seulement.

Pour Messieurs de Fontaine & de Blaru, representant deux pages qui desrobent la fillole.

TAndis que ces Laquais font la guerre au Jaloux,
Faisons ioüer tous deux la mine à la Maistresse:
Nous serons bien priuez d'artifice & d'adresse,
Si tout ce qu'elle a n'est a nous.

C

Sans doute en peu de temps nous en viendrons à bout:
Mais quelque chose au moins que nous trouuions sur elle,
De peur que le butin ne nous mist en querelle,
Il faut faire à moitié de tout.

Pour deux Laquais, qui font tomber le Curé de mosle.

IL est le plus fin des humains,
Ou bien le plus ferme à la lute,
S'il peut eschaper de nos mains
Sans qu'il face la Culebute.

Recit pour la Peronnelle.

BEautez toutes pleines de charmes,
Ne craignez vous point les Gendarmes?
Ils vont faire vn rauissement;
C'est de la Perronnelle,
Nommez vous promptement,
De peur qu'vne de vous ne soit prise pour elle.

Le meurtre leur est ordinaire,
Estant d'vne humeur sanguinaire,
Ils luy feront bien du tourment:
  S'ils cherchent donc la Belle,
  Nommez vous promptement,
De peur qu'vne de vous ne soit prise pour elle.

Pour Monsieur du Boisdennemais, representant la Perronnelle.

LA violence & la fureur,
 S'excerçant chez le Laboureur,
 Au milieu des miens m'ont rauie:
Et sans aucun espoir de reuoir ma maison,
 Ie suis maintenant asseruie
A ceux que mon merite auoit mis en prison.

  Ie sçay que ma mere & ma sœur
  En maudissant mon rauisseur
  Pleurent iour & nuict ma disgrace,
Mais ie porte pour moy ce mal si constament
  Que quelque chose qu'on me face
I'ay honte d'en pousser vn souspir seulement.

Pour Monsieur d'Ornane, representant vn Gendarme.

NE vous figurez pas en me voyant armé,
Que ie veuille enleuer pour moy, la Perronnelle;
Car de la passion dont ie suis animé,
La cause est mille fois plus diuine & plus belle.

Celle qui dans ses mains tient mon sort enfermé,
Paroist à tout le monde vne Aurore nouuelle;
Et ces cœurs tous glacez qui n'ont iamais aymé,
Se trouuent tout en feu dés qu'ils sont auprés d'elle.

C'est pour ce beau sujet que ie ne craindrois pas
D'aller teste baissée affronter le trespas;
Si l'on pouuoit gagner ce prix auec les armes :

Mais dessus ma Diane on veille auec tant d'yeux :
Qu'on la peut moins rauir, si l'on ne sçait des charmes,
Que l'on ne peut rauir la Lune dans les Cieux.

Pour

Pour Monsieur Delfins, representant vn autre Gendarme.

ME voyant aſſiſter à cét enleuement,
  Ne penſez pas belle Siluye
  Que le ſujet le plus charmant
Au prix de vos beaux yeux me donnaſt de l'enuie.

Depuis mes premiers vœux l'honneur de vous ſeruir,
  Eſt tout ce que ie me propoſe:
  Et c'eſt vous que i'yrois rauir,
Si i'auois fait deſſein de rauir quelque choſe.

POVR MONSIEVR, repreſentant vne Coquette.

SI ie prends au iourd'huy l'abit & le maintien,
D'vn ſexe different du naturel du mien,
  Je n'en doibs point auoir de bláme;
Par ceſte inuention, ie me ſuis auiſé
De faire voir encore Achille deſguiſé
  Deſſous la robbe d'vne femme.

Pour Messieurs le Comte de Brion, Pilorans & Mandat, representant des Coquettes.

SI nous dançons mignonnement
Sous ce gentil habillement,
Il ne faut pas qu'on en caquette :
Car s'il faloit venir au choq,
Il n'est point icy de Coquette,
Qui ne batist le meilleur Coq.

Recit pour des Espagnols, qui dancent le grand Balet.

BIen que nous ayons changé nos pas,
En des demarches Espagnoles ;
Des Castillans pourtant, nous n'auons pas
Les humeurs, ny les paroles :
Et ceux qui comme nous sont vaillans & courtois,
Ne sçauroient estre que François.

Sous cet habit, chez eux emprunté,
Chacun nous peut bien recognestre,

Car nous gardons toufiours la liberté
Du climat qui nous veid naiſtre.
Et ceux qui comme nous ſont vaillans & courtois,
Ne ſçauroient eſtre que François.

Nos nations n'ont rien d'aprochant,
En leur quartier le iour acheue;
Lors qu'ils ont leur Soleil toufiours couchant,
Le noſtre encore ſe leue:
Et ceux qui comme nous viuent deſſous ſes loix,
Ne ſçauroient eſtre que François.

Triſtan.